BEI GRIN MACHT SICH IHR WISSEN BEZAHLT

Bibliografische Information der Deutschen Nationalbibliothek:

Die Deutsche Bibliothek verzeichnet diese Publikation in der Deutschen National-bibliografie; detaillierte bibliografische Daten sind im Internet über http://dnb.d-nb.de/ abrufbar.

Dieses Werk sowie alle darin enthaltenen einzelnen Beiträge und Abbildungen sind urheberrechtlich geschützt. Jede Verwertung, die nicht ausdrücklich vom Urheberrechtsschutz zugelassen ist, bedarf der vorherigen Zustimmung des Verlages. Das gilt insbesondere für Vervielfältigungen, Bearbeitungen, Übersetzungen, Mikroverfilmungen, Auswertungen durch Datenbanken und für die Einspeicherung und Verarbeitung in elektronische Systeme. Alle Rechte, auch die des auszugsweisen Nachdrucks, der fotomechanischen Wiedergabe (einschließlich Mikrokopie) sowie der Auswertung durch Datenbanken oder ähnliche Einrichtungen, vorbehalten.

Impressum:

Copyright © 2000 GRIN Verlag, Open Publishing GmbH
Druck und Bindung: Books on Demand GmbH, Norderstedt Germany
ISBN: 978-3-656-67362-0

Dieses Buch bei GRIN:

http://www.grin.com/de/e-book/274546/jugendsprache-definition-geschichte-und-funktion

Nicola Gross

Jugendsprache. Definition, Geschichte und Funktion

GRIN Verlag

GRIN - Your knowledge has value

Der GRIN Verlag publiziert seit 1998 wissenschaftliche Arbeiten von Studenten, Hochschullehrern und anderen Akademikern als eBook und gedrucktes Buch. Die Verlagswebsite www.grin.com ist die ideale Plattform zur Veröffentlichung von Hausarbeiten, Abschlussarbeiten, wissenschaftlichen Aufsätzen, Dissertationen und Fachbüchern.

Besuchen Sie uns im Internet:

http://www.grin.com/

http://www.facebook.com/grincom

http://www.twitter.com/grin_com

Nicola Wiggermann

Jugendsprache. Definition, Geschichte und Funktion

Inhaltsverzeichnis

1. Einleitung

Die Thematik der „Jugendsprache"[1] wird in vielen Bereichen zunehmend kontrovers diskutiert. Mitte der 60er Jahre erschien das Thema anfangs in den Medien, um auf die von Sprachpuristen wachsende Sorge der nachlassenden Sprachleistungen Jugendlicher aufmerksam zu machen. Die Besorgnis um das Verständnis zwischen den Generationen sowie die Unsicherheit über den Umgang mit jugendsprachlichen Ausdrücken weckten das Interesse der Öffentlichkeit. Mit wachsender Toleranz der Gesellschaft und der Verringerung des Generationskonfliktes verlagerten sich die Medieninteressen. Werbeagenturen, Freizeitindustrie und Massenmedien wurden sensibel für jugendsprachliches Material, um damit die „jung gebliebene" Gesellschaft und die jugendlichen Konsumträger als breite Zielgruppe anzusprechen. Um vermarktete jugendsprachliche Modewörter zu entschlüsseln, werden Wörterbücher herausgegeben. Das im Jahr 2000 vom Dudenverlag erschienene Wörterbuch der Szenesprache unterteilt die von meist Jugendlichen verwendeten Begriffe in verschiedene Subkulturen bzw. Freizeitbeschäftigungen.

Dies ist ein neuer Schritt in den kontextbezogenen Gebrauch von Jugendsprache bzw. Szenesprache. Wörterbücher zur „Übersetzung" von prägnanten jugendsprachlichen Bezeichnungen neigen dazu, Jugendsprache zu einem Sonderwortschatz zu reduzieren. Der Leser erfährt dabei nicht, in welchen situativen Rahmenbedingungen Jugendliche „ihre Sprache" sprechen. In welchem Maße beeinflusst das soziale Umfeld die Kreativität der Sprecher und die Innovation spezieller Begriffe, die von Befürwortern als positive Aspekte der Jugendsprache dargestellt werden? Aus welchen Ressourcen schöpfen Jugendliche ihre Ideen für ihre Sprechweisen? Zusammen mit der strukturellen Betrachtung der Lexik erhält man erst einen wissenschaftlichen Blick in das Phänomen der Jugendsprache.

Die Vielfalt der jugendspezifischen Sprechweisen wird beschrieben und der Umgang mit der deutschen Standardsprache bzw. Umgangssprache herausgearbeitet. Um ein Verständnis für das Phänomen Jugendsprache zu wecken, werden Motive und Funktionen der Anwendungen aufgezeigt.

Als Einführung in die Thematik werden in Kapitel 2 die Begriffe Jugend und Jugendsprache zunächst definiert. Im Weiteren wird in Kapitel 3 ein Überblick zur Geschichte der Jugendsprache gegeben, dem sich die Präsentation des wissenschaftlichen Forschungsstands in Kapitel 4 anschließt. Der mediale Einfluss auf die Jugendsprache, als eine Quelle für jugendsprachliche Ausdrücke und Redewendungen, wird in Kapitel 5 abgehandelt. Es folgen

---

[1] Fortan ohne Anführungszeichen

Erläuterungen der erwähnten Funktionen und Motive der Jugendsprache im sechsten Kapitel dieser Arbeit.

2. Begriffsbestimmungen

Um eine übereinstimmende komplexe Vorstellung von den Begriffen „Jugend" und „Jugendsprache" sicherzustellen, werden sie im Folgenden definiert.

2.1 Definitionen Jugend - Jugendkultur

In der Soziologie wird unter Jugend eine Lebensperiode verstanden, in der ein Mensch nicht mehr als Kind betrachtet wird, ihm jedoch der Status, die Rollen und die Funktionen eines Erwachsenen noch nicht uneingeschränkt zugeschrieben werden (vgl. Brockhaus 1996). Die Jugend beginnt mit der aufkommenden Pubertät und endet mit dem Erreichen einer ausgebildeten, stabilen Persönlichkeitsstruktur, sowie einer verlässlichen Ich-Identität (vgl. Erikson 1977). Die Dauer dieser Lebensphase kann demzufolge nicht nur durch das biologische Alter der Jugendlichen bestimmt werden, sondern ist ebenfalls an soziokulturelle Kriterien, wie berufliche Ausbildung oder ökonomische Abhängigkeit von den Eltern gebunden und dehnt sich immer mehr aus. Während im deutschen Recht Menschen im Alter von 14 bis 17 Jahren als Jugendliche gelten, endet die Mitgliedschaft in Jugendorganisationen von politischen Parteien erst mit 35 Jahren. Ferchhoff (1993) spricht von einer „Relativität des Jugendbegriffs". Lenzen (1997) legt die Phase der Jugend in das Alter zwischen 13 und 25 Jahren, wobei er auf „unscharfe Ränder" aufmerksam macht. Die Sozialforschung schließt die Postadoleszenz, die zwischen dem 25. Und 35. Lebensjahr liegt, mit in die Phase der Jugend ein.

Betrachtet man Jugend als Gruppe, so ist sie nach Tenbruck (1965, S. 66)

> „wesensmäßig eine soziale Gruppe. Gewiss existiert sie im strengen Sinne nicht kompakt als eine einzige Gruppe, die alle Jugendlichen einschließt, sondern tritt in einer Mannigfaltigkeit von jugendlichen Gruppenbildungen in Erscheinung, die aber nun ihrerseits auf mannigfache Weise durch das Bewusstsein gemeiner Art, die Gleichaltrigkeit der sie ins Leben rufenden und auf sie einwirkenden Kräfte und Bedingungen, sowie durch Überschneidung zwischen den Gruppen, verbunden sind".

Man kann Jugend folglich in drei Ebenen gliedern: Die „virtuelle Großgruppe Jugend" (Nowottnik 1989), die Ebene der Jugendkulturen oder jugendlichen Subkulturen und die Ebene der Kleingruppen Gleichaltriger, den sog. Peer-Groups. Jugendkulturen und Peer-Groups helfen Jugendlichen bei ihrer Identitätsfindung. Identitätsprobleme können laut Henne (1986) auf die Gruppe projiziert werden und die Identifikation mit Werten und Personen der Gruppe kann zur Ich-Identititätsfindung beitragen.

„Der Einzelne setzt sich emotional mit anderen gleich und übernimmt deren Werte und Motive in das eigene Ich; grenzt sich gegen andere ab und ist insofern auf dem Weg zu einer Ich-Identität" (Henne. 1986, S. 204).

Spezifische Verhaltensmuster, Kleidung, Gestik und Sprache sind Mittel zur Mitteilung und Selbstdarstellung. Jede Abweichung von der Gesellschaft gilt dabei als Abgrenzung von der Erwachsenenwelt, sowie von anderen Gruppen und trägt zur Solidarität in der eigenen Gruppe bei. Henne sieht in diesem Zusammenhang die Sprachprofilierung eines Jugendlichen innerhalb einer Gruppe als charakteristisches Merkmal der Jugendphase.

Nach dem zweiten Weltkrieg bildete sich nach dem Vorbild der amerikanischen Jugend und durch die Veränderung der Industriegesellschaft eine eigenständige Jugendkultur (vergl. Brockhaus 1996), die sich später in Subkulturen aufteilte. Nach Schlobinski haben sich Jugendkulturen seit dem Rock'n Roll ihren Markt erobert und sind als Markt anerkannt worden. Heute ist die Gesellschaft gegen Provokationen der Jugendkulturen bzw. -szenen aufgeschlossener geworden. Jugendkulturen dienen häufig als Leitbilder für junggebliebene Erwachsene. Selbst das Outfit der Punk-Szene wurde zeitweilig auf Laufstegen modern. Models trugen Springerstiefel, Nieten und Sicherheitsnadeln als Ohrschmuck und machten diesen Stil „salonfähig". Dies ist ein Beispiel für die Entwertung der Symbole von Jugendkulturen.

Das Jugendwerk der deutschen Shell hat 1997 in seinen Studien festgestellt, dass jugendkulturelle Stile heute durch schnelllebigere, diffusere und flexiblere Formen im Vergleich zu vorigen Studien (1981) auffallen und ihre wechselseitige deutliche Abgrenzung manchmal verlieren.

„Die jungen Leute bevorzugen Gruppenstile, die Spaß machen, Zerstreuung und Unterhaltung bieten, die unkomplizierten Umgang mit Gleichgesinnten ermöglichen, ohne dass man dabei längerfristige Verpflichtungen eingehen muss" (Jugendwerk der deutschen Shell. 1997, S. 21).

Gleichzeitig ist der Wunsch nach Abgrenzung zu Kulturen Erwachsener erhalten geblieben. Aktuelle Jugendkulturen, die von Erwachsenen aufgrund fehlender Fähigkeiten oder Fertigkeiten nicht ohne Weiteres imitiert werden können, sind laut Trendforscher Nitschke die Skater-Szene, die Nerds der Computer-Szene und die Hip-Hop-Szene (vergl. Focus 12/2000). Die moderne Jugend muss immer extremere Jugendkulturen produzieren, um sich gegen das wachsende Maß an Toleranz und Gleichgültigkeit der Erwachsenenwelt zu behaupten. Extremsportarten, ausgefallene Kleidungsstile, sowie auch ausgefallene Sprechweisen, erleichtern Jugendlichen die Abgrenzung zur Gesellschaft und zu den Erwachsenen.

2.2 Definition Jugendsprache – Abgrenzung zur Umgangssprache und Standardsprache

Jugendsprache setzt sich aus verschiedenen jugendlichen Sprechweisen zusammen. Demnach sollte von ihr im Plural gesprochen werden, jedoch unter Vorbehalt, da unter Sprache ein Zeichengefüge mit einer eigener Grammatik und ein differenzierter Wortschatz mit normativer Geltung verstanden wird. Jugendsprache setzt hingegen die Standardsprache voraus und ist zudem schnelllebig und ständig Neuerungen ausgesetzt, so dass hier nicht von einer eigenen Sprache die Rede sein kann. Die Literatur bezeichnet diesen Gegenstandsbereich dessen ungeachtet als Jugendsprach-(en)-forschung.

Möhn (1980) ordnet Jugendsprache den Sondersprachen zu, da sie eine ausgrenzende und eine bestimmte Gruppenzugehörigkeit signalisierende Funktion hat. Sondersprachen stellen eine sprachliche Sonderung gegenüber einer allen Sprachteilnehmern verfügbaren Gemeinsprache (Standard- und Umgangssprache) dar. Im Vergleich zu Fachsprachen, die sachbezogen sind, ist die Sondersprache „Jugendsprache" sozialgebunden, d.h. sie hat soziale Funktion. Die Juristensprache ist von allen Juristen zu verstehen, wohingegen Jugendsprache nicht unbedingt in allen Jugendgruppen verstanden werden kann.

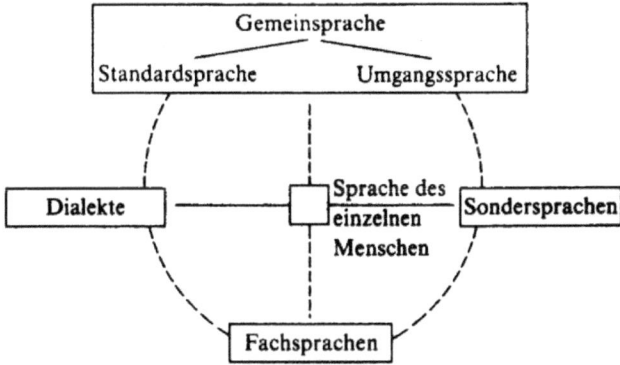

Abb. 1) Gliederung der deutschen Sprache. Quelle: Der kleine Duden. Deutsche Grammatik Mannheim, Leipzig, Wien, Zürich. 1997, S. 28 .

Pörksen (1984) betrachtet Jugendsprache als Varietät des Deutschen. Henne macht 1986 auf die Heterogenität der Varietät aufmerksam. Dennoch ist Jugendsprache für Henne eine, die jugendlichen Gruppenstile (sprachliche, musikalische und sonstige Ausdrucksbedürfnisse, wie Kleidung o. Ä.) übergreifende Spielart des Sprechens und weniger des Schreibens. Er hält Jugendsprache für ein spielerisches Sekundärgefüge; Sekundärgefüge deshalb, weil sie die Standardsprache voraussetzt.

Lewandowski definiert Jugendsprache im Linguistischen Wörterbuch von 1990 als unkonventionellen Sprachstil Jugendlicher mit zum Teil regionaler und sozialer Differenzierung. Eine spezifische Sprech- und Schreibweise mit „kreativistischem" Grundzug zur Sprachprofilierung und Identitätsfindung macht Jugendsprache ebenfalls aus. Dabei ist Jugendsprache situativ orientiert, metaphernreich und hyperbolisierend. Betrachtet man Jugendsprache als Gruppensprache, so besitzt Jugendsprache eine sozial abgrenzende, zugleich auch eine Zugehörigkeit signalisierende Funktion als Ausdruck einer spezifischen Jugendkultur. Im Vergleich zur Umgangssprache fällt Jugendsprache durch einen veränderten Wortschatz der Umgangssprache auf sowie durch häufigen Gebrauch von Anglizismen.

Nave-Herz (1989) konstatiert, dass eine allgemein gebräuchliche Jugendsprache existiert, aber gleichzeitig regionale, schichten- und gruppenspezifische Variationen vorkommen.

Zusammenfassend kann gesagt werden, dass es „die" Jugendsprache nicht gibt, da die Jugend keine homogene Masse ist. Schlobinski (1993) spricht sogar von dem Mythos oder der Fiktion Jugendsprache. Es existieren mehrere jugendsprachliche Varietäten nebeneinander, die sich gegenseitig inspirieren. Jugendsprache ist Gruppensprache und daher mehr als eine Sonderlexik, nämlich ein guppenspezifischer Sprechstil, der sich in sprachlicher, grammatikalischer, lautlicher und wortbildungsspezifischer Hinsicht von der Standardsprache unterscheidet. Dennoch ist Jugendsprache keine eigene Sprache. Jugendsprache wird als altersspezifische Teilmenge von Umgangssprache angesehen (Androutsopoulos 1998). Es gibt gruppenspezifische Ausprägungen mit ähnlichen Strukturen wie bei anderen Jugendgruppen. Es kann sogar von einem einheitlichen jugendlichen Basiswortschatz ausgegangen werden. Viele jugendsprachlichen Merkmale und Ausdrucksweisen fließen in die Umgangssprache ein (Neuland 1994). Jugendsprache ist dennoch sozial, situativ, kulturell und funktional gebunden.

Wie sich jugendsprachliche Merkmale linguistisch auswirken, wird in Kapitel 4 und 8 dargestellt.

3. Geschichte der Jugendsprache

Nach der Definition für Jugendsprache soll nun der Frage nachgegangen werden, seit wann dieses Phänomen existiert. Ist Jugendsprache eine Modeerscheinung des Medienzeitalters und der toleranten Gesellschaft? Ist es allein die Jugend „von heute", die sich über Regelhaftigkeiten in Bezug auf Sprache hinwegsetzt und damit über gesellschaftliche Konventionen verstößt?

Es gibt Jugendsprache, seitdem es Generationen gibt und Jugendliche unter sich sind. Erst durch Institutionen, wie Universitäten und Schulen, in denen Jugendliche vermehrt zusammen kamen, Anerkennung suchten, sich profilierten und Spaß haben wollten, entstand eine von der Standardsprache differente Sprechweise, die sich verbreiten konnte und dadurch Aufmerksamkeit erlangte. So kann heute die historische Studentensprache im 18. Jahrhundert als Vorläufer der Jugendsprache und als erste sprachwissenschaftliche Beschäftigung mit diesem Phänomen gesehen werden. An Deutschlands Universitäten bildeten sich eigene Teilkulturen aus, die einen eigenen Stil, eigene Riten und eigene Sprache entstehen ließen. Das erste Wörterbuch der Studentensprache erschien 1781 in Halle, verfasst von C.W. Kindlebens.

Friedrich Kluge beschäftigte sich 1900 mit der Pennälersprache, die von der Studentensprache, durch ständigen Umgang von Schülern mit Studenten, beeinflusst war. Spätere Jugendbewegungen, wie der Wandervogel 1901, die Arbeiterjugendbewegung 1906 oder Pfadfinder trugen ebenfalls zur Ausbildung spezifischer jugendlicher Sprachmuster bei.

Henne (1986) ist der Ansicht, dass sich die Jugendsprache erst mit der Existenz der modernen Jugend nach 1945 entwickeln konnte. Jugendliche wurden seitdem verzögert in die Erwachsenenrolle integriert, was Freiraum für spezifische Jugendkulturen bot. Peer-Groups wurden institutionalisiert. Die Jugendlichen konnten sich auf die Gruppe Gleichaltriger konzentrieren, wobei die Autorität der Familie nachließ und sich innerhalb der Gruppen spezifische Sprechstile entwickeln konnten.

Laut Lapp (1989) wurde in den 50er Jahren das „Halbstarken[2]-Chinesisch als jugendliche Sprechweise registriert. Sprachpfleger, wie Küpper (1961) haben in der Sprechweise Jugendlicher „sprachliche Verwilderung" und eine „Gesinnung, die für Sinnlichkeit, Ungeistigkeit und primitiven Lebensgenuss" steht, gesehen. Erste Anzeichen gesellschaftsfeindlichen Verhaltens und übermäßige Skepsis als Denk- und Verhaltensweise wurden ebenfalls den Jugendlichen nachgesagt. Das in den 60er Jahren vernommene

---

[2] „halbstark" bedeutet halbwüchsig, halberwachsen. Außerdem ersetzt es den Begriff des Rowdys und steht somit für die randalierende Jugend (s. Kaiser, Günther: Randalierende Jugend. Eine soziologische und kriminologische Studie über die sogenannten „Halbstarken. Heidelberg 1959)

„Teenagerdeutsch" war von kommerziellem Interesse. Jugendliche wurden als neue Verbraucherschicht erkannt. In den 70er Jahren lösten „APO-Sprache", „Szene- Sprache" und „Schülerdeutsch" das „Teenagerdeutsch" ab. In den 80er gab es „die große Vielfalt" (siehe: Lapp 1989).

Die Sprache der Jugendlichen erwächst größtenteils aus der Abgrenzungsfunktion zu Erwachsenen oder der Gesellschaft heraus. Dabei spielt die jeweilige Gesellschaftsform mit ihren Werten, politischen Gegebenheiten und dem Stellenwert von Jugend in der Gesellschaft eine Rolle. Hier sei Neulands These von 1987 erwähnt,

> „dass Jugendsprache nicht autonom aus einem gesellschaftlichen Vakuum entsteht, sondern gesellschaftliche Verhältnisse spiegelt und gegenspiegelt" (Neuland 1887, S. 65).

Neuland zeigt am Studenten- und jugendsprachlichen Wortschatz aus mehreren Zeitperioden, dass Jugendsprache auf aktuelle Themen und Lebensstile Bezug nimmt[3]. Deshalb ist der Zusatz der Überschrift dieser Arbeit „der *heutigen* Jugendsprache" von Wichtigkeit.

---

[3] Dies geschieht sowohl auf affirmativer Ebene, als auch auf ironischer und distanzierender Ebene.

4. Forschungsübersicht

Gegenwärtig gibt es eine Vielzahl internationaler Konferenzen, Projekte und wissenschaftlichen Arbeiten zum Forschungsgegenstand der Jugendsprache. Neben populärwissenschaftlichen Arbeiten werden derzeit aus vielen Bereichen, so z.b. aus der Linguistik, der Soziologie, der Psychologie und der Pädagogik aufschlussreiche Monographien und Aufsatzsammlungen zur Jugendsprachforschung publiziert. Die Jugendsprache hat sich als interdisziplinäres Forschungsfeld etabliert.

Neuland stellt 1999 in ihrer Studienbibliographie sechs Richtungen der Jugendsprachforschung fest. Die pragmatische Richtung, zu der sie die Arbeiten Hennes zählt, beschäftigt sich mit dem handlungs-, sach- und anwendungsbezogenen Sprachgebrauch Jugendlicher. Anredeformen, Gesprächspartikel, Verstärkungswörter, etc. werden untersucht, ohne jedoch weitere Gebrauchseinschränkungen zu berücksichtigen.

Die lexikographische Richtung führt zur Erstellung von Wörterbüchern und betrachtet Jugendsprache als Sondersprache. Neuland zählt auch Wort- und Sprüchesammlungen sowie deren Analysen zur lexikographischen Forschung. Sie kritisiert die von lexikographischen Jugendsprachforschern angenommene Allgemeingültigkeit jugendlichen Sprachgebrauchs.

Mit Einzelheiten über Ausdrucks- und Funktionsweisen gruppenspezifischer Kommunikation unter Jugendlichen beschäftigt sich die ethnographische Jugendsprachforschung. Identifikations- und Abgrenzungsstrategien wurden z.B. von Schwitalla/ Nothdurft 1995 untersucht.

Schlobinskis Forschungen ordnet Neuland der Forschungsrichtung von Sprechstilanalysen zu. Hierbei wird von einer konkreten Gruppenkommunikationssituation ausgegangen, bei deren Untersuchung der Erfahrungshintergrund der speziellen Gruppe zur Erklärung der Besonderheiten des Gruppenstils herangezogen wird.

Die funktionalen Aspekte der generationsspezifischen Abgrenzungen gegenüber gesellschaftlichen Konventionen werden in der kulturanalytischen Jugendsprachforschung ermittelt. Mit diesem Gebiet beschäftigen sich u.a. Neulands Arbeiten.

Die letzte Richtung betitelt sie als komparistische Jugendsprachforschung, bei der international nach Gemeinsamkeiten und Unterschieden des Phänomens Jugendsprache gesucht wird.

Im Folgenden werden Forschungsbereiche von drei Autoren näher vorgestellt.

4.1 Hennes Modell der Jugendsprache

Als ein Pionier der linguistischen Jugendsprachforschung veröffentlichte der Braunschweiger Linguistikprofessor Helmut Henne 1986 sein Buch „Jugend und ihre Sprache". Er stellt in diesem Buch das erste Modell der Jugendsprache auf. Das Modell behandelt vier Dimensionen. Unter der strukturellen Dimension des Jugendtons[4] versteht Henne Sprüche, (Sprech-) Syntax, Redensarten, Wortbildungen, Wortschatz, Prosodik und Graphie mit folgenden jugendsprachlichen Merkmalen:

1. Eigenwillige Grüße, Anreden und Partnerbezeichnungen:
   Tussi, Macker.
2. Griffige Namen und Spruchwelten:
   Schwachmaat = Dummkopf.
   Was läuft denn hier für ein Film? → Ausdruck von Erstaunen.
3. Flotte Redensarten und stereotype Floskeln:
   Ganz cool bleiben / alles easy / etwas am Start haben.
4. Metaphorische, zumeist hyperbolische Sprechweisen:
   Sklaventreiber = Lehrer, *megageile* Party = gelungene Party.
5. Repliken mit Entzückungs- und Verdammungswörtern:
   Galaktisch = großartig → Entzückungswort.
   Assig = schlecht → Verdammungswort.
6. Lautwörterkombinationen:
   Zuck zusammen → Wurzelwörter für den Zustand des sich Erschreckens.
   Basch → Lautnachahmendes Wort für das Schlagen auf ein Schlagzeug.
7. Prosodische, die Lautstruktur betreffende Sprechweisen:
   WAhnsinn.
8. Wortbildungen (Neubedeutungen, Neuwörter), Worterweiterungen (Präfix-, Suffixbildung), Kurzwörter:
   Keule   → Neubedeutung für Mädchen/Freundin.
   Mucke   → Neuwort für Musik.
   Abhängen → Worterweiterung mit einem Präfix.
   Musi   → Kurzwort für Musik.

Den Jugendton unterteilt Henne nochmals in drei systematisch-strukturelle Ebenen; die lexikalische Ebene, die syntaktische Ebene und die Lautebene mit morphologischen

---

[4] Als Jugendton bezeichnet Henne die Gesamtheit der Sprechformen mit jugendsprachlichen Merkmalen, die er auch als Sprachstil anführt .

Besonderheiten. Bei der Ebene der Lautstruktur und morphologischen Struktur wird die Jugendsprache als „versprechsprachlicht" beschrieben. Lautschwächungen und Lautkürzungen in der gesprochenen Sprache schmelzen jeweils zusammen (z.b.: So'n Mist). Weiterhin gehören zu dieser Ebene die prosodischen und graphostilistischen Mittel. Graphostilistische Mittel dienen unter anderem dazu, hyperbolische Sprechweisen in der Schrift anzuzeigen (z.b. WAhnsinn, dIE schon wieder). Die lexikalische Ebene beinhaltet Wortbildungen. Die syntaktische Ebene beschreibt die Sprüche, die mit ihren vorgefertigten Satzstrukturen dem Sprechen Schnelligkeit und Leichtigkeit verleihen (z.b. Ich glaub' mein Holzbein kriegt Äste). Satzbruch, Satzverkürzungen, häufiger Gebrauch von Partikeln und Dehnungsphrasen sind ebenfalls typisch für den sprechsyntaktischen Jugendton.

Eine weitere Dimension der Jugendsprache ist nach Henne die funktionale Dimension der Sprachprofilierung, die drei Bereiche einnimmt: Die Abgrenzung zur Erwachsenenwelt („Ich und Ihr"), die Identifikation mit der Gruppe („Wir") und die eigene Identitätsfindung („Ich"). Die funktionale Dimension, nach Henne, wurde in Kapitel 2.1 kurz beschrieben.

Die dritte Dimension der Jugendsprache stellt die pragmatische Dimension dar. Hierbei werden die inhaltlichen Bereiche des Jugendwortschatzes aufgezeigt. Henne unterteilt sieben Sachbereiche der „Lebenszusammenhänge", die jugendsprachlich geprägt sind:

1. Kommunikative Beziehung in der Gruppe,
   z.B. in der Schule, im Beruf, in der Freizeit, zu Mitmenschen im engeren und weiteren Sinne.
2. Befindlichkeit,
   z.B. Begeisterung, Erstaunen, Lässigkeit.
3. Verbindlichkeit,
   z.B. Verstehen, Drohung, Aufforderung, Spott, Zurückweisung.
4. Musik,
   z.B. Musikinstrumente, Musizierstile.
5. Reizobjekte,
   z.B. Kneipe, Disco, Kleidung, Medien, Sport.
6. Schule,
   z.B. Personal der Schule, Unterricht.
7. Weltanschauung und Politik,
   z.B. Umweltverschmutzung, Arbeitslosigkeit.

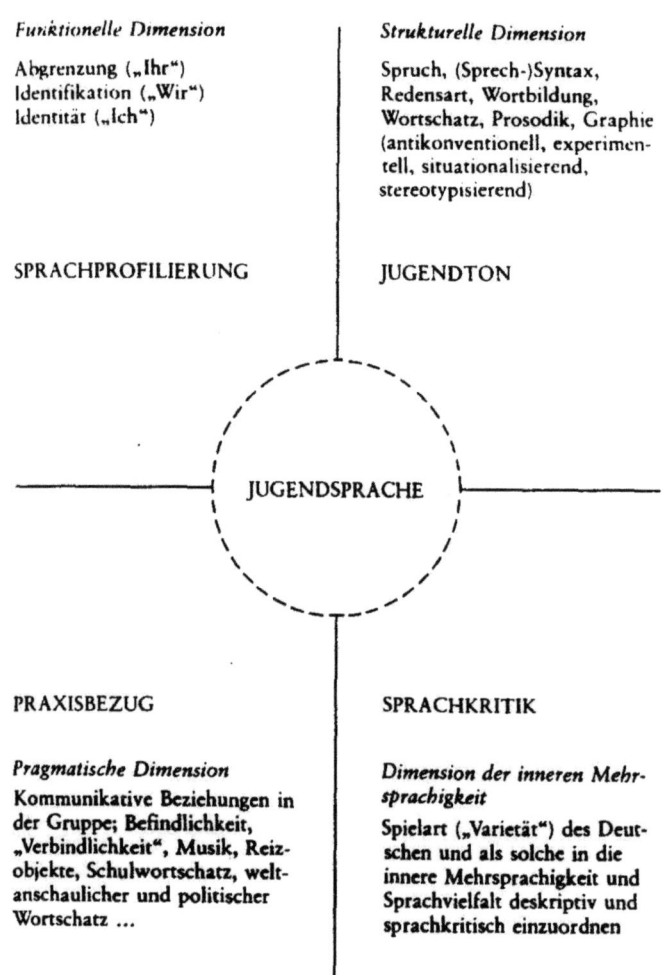

Funktionelle Dimension

Abgrenzung („Ihr")
Identifikation („Wir")
Identität („Ich")

Strukturelle Dimension

Spruch, (Sprech-)Syntax,
Redensart, Wortbildung,
Wortschatz, Prosodik, Graphie
(antikonventionell, experimen-
tell, situationalisierend,
stereotypisierend)

SPRACHPROFILIERUNG

JUGENDTON

JUGENDSPRACHE

PRAXISBEZUG

SPRACHKRITIK

Pragmatische Dimension
Kommunikative Beziehungen in
der Gruppe; Befindlichkeit,
„Verbindlichkeit", Musik, Reizobjekte, Schulwortschatz, welt-
anschaulicher und politischer
Wortschatz ...

*Dimension der inneren Mehr-
sprachigkeit*
Spielart („Varietät") des Deutschen und als solche in die
innere Mehrsprachigkeit und
Sprachvielfalt deskriptiv und
sprachkritisch einzuordnen

Abb. 2) Modell der Jugendsprache. Quelle: Henne. 1986, S.215 .

Die vierte Dimension stellt die innere Mehrsprachigkeit dar. Henne spricht mit dieser
Dimension die metasprachliche Funktion der Sprache an, die in der Soziolinguistik beschrieben
wird.

„Die Jugendlichen müssen lernen, und das wissen sie auch, dass sie zwei Sprachen sprechen müssen, einerseits die Schrift- und Hochsprache, was wir in der Wissenschaft Standardsprache nennen, und andererseits ihre eigene Sprache. Das Deutsche ist ja insgesamt durch innere Mehrsprachigkeit gekennzeichnet, und wir müssen erkennen, dass wir mehr als eine Sprache in Deutschland sprechen dürfen und sprechen müssen" (Henne. 1986, S. 190).

Die metasprachliche Funktion ermöglicht eine innere Mehrsprachigkeit, das sog. „code-switching", womit man über mehrere Varianten der Muttersprache verfügen kann (vergl. Schlieben-Lange 1991). Jugendsprachkritiker können anhand der vierten Dimension ersehen, dass Jugendsprache eine Variation der Standardsprache ist und demnach von Jugendlichen in Gesprächen mit z.B. Erwachsenen, Lehrern, etc. abgelegt werden kann.

Sein Modell der Jugendsprache entwickelte Henne anhand eigener empirischer Untersuchungen. Seine Methode zur Datengewinnung wird von mehreren Autoren kritisiert. In verschiedenen Städten mussten Haupt-, Real-, Berufsschüler und Gymnasiasten Fragebögen zur Jugendsprache, zur Musik, Literatur und zum sozialen Umfeld ausfüllen. Henne befragte insgesamt 536 Schüler zur Kenntnis sprachlicher Phänomene. Weiterhin ließ er jugendsprachliche Wörter in Standardsprache beschreiben und umgekehrt.

Kritisiert wird von Schlobinski (1998), dass Henne durch Fragebögen nicht die Sprechsprache erfassen könne. Zudem untersuche Henne nur Sprachwissensstrukturen. Außerdem drohe die Gefahr der falschen oder undurchführbaren Interpretation von jugendsprachlichen Merkmalen und Ausdrucksweisen aufgrund fehlenden Kontextwissens. Anglizismen werden von Henne nur am Rande erwähnt, da sie seiner Meinung nach nur in der Musikszene vorkommen und nicht typisch jugendsprachlich sind.

4.2 Schlobinskis Paradigmenwechsel der Jugendsprachforschung

Peter Schlobinski, Linguistikprofessor an der Universität Hannover, hat u.a. zu einer Neuorientierung der Jugendsprachforschung beigetragen. Schlobinski konzentriert sich bei seinen Untersuchungen auf die Gebrauchswerte jugendsprachlicher Merkmale, sowie auf kulturelle Zusammenhänge ihres Ursprungs. Zusammen mit Kohl und Ludewigt untersuchte er 1993 über drei Monate das Kommunikationsverfahren von Jugendlichen in konkreten Kleingruppen. Es wurden teilnehmende Beobachtungen[5] und begleitende Fragebogenerhebung

---

[5] Eine Methode, authentische Sprache im sozialen Kontext zu erheben. Dabei begibt sich der Forscher meist über längeren Zeitraum in die Untersuchungsgruppe und erhebt z.B. informelle Sprachaufnahmen und Hintergrundinformation

zur Datengewinnung durchgeführt. Analyse und Interpretation der Ergebnisse orientierten sich an der interaktionalen Soziolinguistik und der Ethnographie[6] des Sprechens.

„Im Vordergrund der gruppensprachenspezifischen Stilanalyse stehen Sprechweisen, die für spezifische Gruppen und Individuen in sozialen Zusammenhängen in Abhängigkeit von situativen Kontexten spezifische Funktionen haben" (Schlobinski/Kohl/Ludewigt. 1993, S. 40).

Diese Sprechweisen wurden nach dem Register der Jugendsprache[7] ausgewählt und untersucht.

Die spezifische Lexik wurde beispielsweise nicht nur semantisch gedeutet, sondern es wurde geprüft, wo und in welchem Zusammenhang lexikalische Elemente auftraten. Weiterhin wurde geprüft, ob die lexikalische Bedeutung eines Wortes durch den Kontext ausgeschlossen, unterstützt oder modifiziert wurde. Zudem ist die semantisch-pragmatische Funktion im kommunikativen Kontext Gegenstand der Forschungen von Schlobinski. Dabei werden soziale sowie situative Restriktionen und kulturelle Verweise untersucht.

Als Ergebnis seiner Arbeiten konstatiert Schlobinski, dass Jugendliche nicht die von z.b. Henne aufgeführten typischen jugendsprachlichen Merkmale präferiert verwenden, sondern in der Sprache der Jugend eine untergeordnete Rolle einnehmen. Eine Ausnahme bildet der Gebrauch der Partikel „ey", die häufig auftrat. Die Analyse jugendlicher Sprechweisen ergab, dass es keinen typischen jugendsprachlichen Stil gibt. Jugendsprachliche Sprechweisen sind von der speziellen Gruppenstruktur und Situation geprägt. Als häufig und in verschiedenen Gruppen auftretendes Stilmerkmal stellt er die Stilbastelei[8], die gemeinsames Basiswissen und gemeinsame Erfahrung voraussetzt, fest. Aus diesem Grund wirkt Jugendsprache auf Außenstehende oft verschlüsselt.

Veränderungen des situativen Rahmens, emotionale Atmosphäre und Intimität innerhalb der Gruppe beeinflussen den Sprachgebrauch von Jugendlichen und tragen zur Entwicklung kreativer Sprechstile[9] bei. Je näher sich die Gruppenmitglieder stehen, je ausgelassener die Stimmung ist und je unstrukturierter die Situation ist, desto eher entstehen kreative Sprechstile. Dieses Modell (s.u., Abb. 3) lässt sich meiner Ansicht nach auf die Bedingungen für den generellen Gebrauch des jugendsprachlichen Tons erweitern.

---

[6] soziologisch pragmatisch orientierter Neuansatz der Jugendsprachforschung (vergl. Schlobinski u.a. 1993)

[7] Mit Register der Jugendsprache meint Schlobinski die von anderen Autoren konstituierten Merkmale der Jugendsprache (Anglizismen, Sprüche, Lautwörter, etc.).

[8] Für Stilbastelei wird in der Literatur auch häufig der Begriff „Bricolage" verwendet, den Neuland 1987 für die Beschreibung von Sprechstilen prägte. Gemeint ist eine verfremdete Zitation aus den Medien oder anderen kulturellen Ressourcen bzw. eine Dekontextualisierung standardsprachlicher Begriffe mit anschließender Rekontextualisierung.

[9] Den Begriff „Sprechstil" verwendet Schlobinski auch synonym für „Sprachstil".

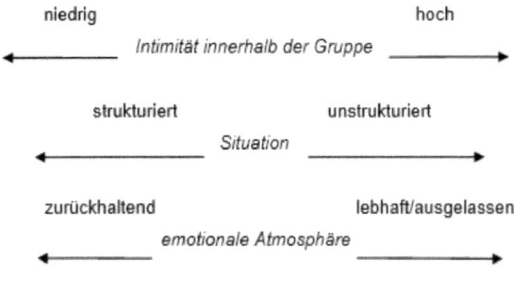

Abb. 3) Kontextbedingungen für die Entfaltung kreativer Sprachstile.
Quelle: Schlobinski/Kohl /Ludewigt. 1993, S. 211.

Gruppen- und situationsübergreifende Kennzeichen der jugendlichen Kommunikation sind nach Schlobinski (1993) Kreativität, Spontaneität, Direktheit und Flexibilität. Jugendliche Sprechstile sind umgangssprachliche Sprechstile mit Sprachspielen und Stilbasteleien. Die befragten Schüler sehen den jugendlichen Sprechstil selten als Abgrenzung zu Erwachsenen, sondern eher als Freiraum für Sprachexperimente. Von Schlobinski wird der jugendliche Sprechstil daher als Erproben der sozialen und diskursiven Kompetenz gedeutet.

4.3 Androutsopoulos Untersuchungen

Neben dem „sprecher-orientierten" Ansatz von Schlobinski, bei dem das sozial-kulturelle Umfeld im Vordergrund steht, geht Jannis K. Androutsopoulos in seiner Dissertation (1998), nach einem „system-orientierten" Ansatz vor, in dem er strukturlinguistische Merkmale der Jugendsprache beschreibt. Seine Analysen führt er an geschriebener Jugendsprache durch. Als Korpusquellen dienen subkulturelle Printmedien von Jugendlichen, die sog. Fanzines. Sie werden billig produziert und unterscheiden sich durch ihre Auflagen, Distribution, Aufmachung und Inhalt von kommerziellen Jugendzeitschriften. Schüler, Studenten, junge Musiker erstellen diese Medien für Gleichaltrige und Gleichgesinnte. Die Fanzines werden hauptsächlich im jugendlichen Stil und in Anlehnung an gesprochener Sprache verfasst, so dass eine Beeinflussung der Inhalte und Wortwahl durch Erwachsene oder professionelle Verleger ausgeschlossen werden kann. Zusätzlich werden teilnehmende Beobachtungen durchgeführt.

Als Ergebnis seiner Analyse teilt er Merkmale der Sekundärvarietät Jugendsprache in drei Dimensionen:

- Die pragmatische Dimension unterscheidet sich von Hennes pragmatischer Dimension in der Weise, dass hier angewandte Sprachmittel und Diskursverfahren Jugendlicher gemeint sind und nicht wie bei Henne der Praxisbezug der Jugendsprache.
- Die strukturelle Dimension gleicht Hennes Darstellung, jedoch beschreibt Androutsopoulos sie ausführlicher. Den Wortschatz, den Henne unter dieser Dimension angesiedelt hat, führt Androutsopoulos im nächsten Punkt auf.
- Die lexikalisch-semantische Dimension.

Androutsopoulos stellt nach seiner Untersuchung fest, dass alle Jugendsprachen von Kleingruppen und Netzwerken ähnlich strukturiert sind. Er schließt daher im Gegensatz zu Schlobinski auf eine Gesamtjugendsprache mit arealen, sozialen und gruppenspezifischen Besonderheiten. Er behauptet, dass Varianten aus allen drei Dimensionen überregional gelten und somit nicht regionsabhängig sind.

5. Medialer Einfluss auf Jugendsprache

Es besteht nach Schlobinski ein Zusammenhang zwischen der Medienwelt und der Jugendsprache. Das breite Angebot für Jugendliche auf dem Medienmarkt, der hohe Medienkonsum Jugendlicher und die Rolle von Medien in der Jugendsozialisation[10] können Jugendliche in ihrer Sprechweise beeinflussen. Jugendliche nutzen nach Schlobinski ihr Medienwissen für eine spielerisch-kritische und kreative Verarbeitung. Zitate und Fragmente aus Werbung, Comic, Filmen und Musik werden spontan in die Kommunikation eingebracht, teils spielerisch verfremdet oder unverfälscht[11]. Die Motive der Jugendlichen für das Zitieren aus den Medien ist Witz oder Ironie in Gesprächsbeiträgen. Das Zitieren aus den Medien wird als Kommentierung, Strukturierung oder in Fluss Halten einer Sprechhandlung gebraucht. Ebenfalls lassen sich eine Vielzahl jugendlicher Ausdrucksweisen, so z.B. die Anglizismen, Lautwörter und Wortneubildungen auf mediale Ressourcen zurückführen (Schlobinski 1993).

Die Meinung, dass Jugendsprache zum großen Teil ein Echo ist, vertritt Holly (1999)[12]:

> „Sie (die Jugendsprache) kopiert die Sprache, die in Jugendsendungen, wie z.B. Bravo TV oder MTV gesprochen wird. Modewörter können sich mithilfe der Medien schnell verbreiten und tragen so zu überregionalen jugendsprachlichen Sprechweisen bei."

Man sieht, dass die Medien Jugendsprache beeinflussen können, jedoch muss ebenfalls beachtet werden, dass Medien gleichzeitig jugendsprachliche Formen für Verkaufsstrategien reproduzieren (Schurian 1989). Äußerungen eines weißbärtigen Schweizer Originals wie: „Is' cool man", der in einem Werbespot für einen Schokoladenriegel wirbt, oder eine von Dieter Thomas Heck angekündigte „megacoole Show" zeigen einen Gebrauch des Jugendtons. Medien und Werbung wollen damit eine breite Zielgruppe ansprechen, zum einen die Jugendlichen, zum anderen die „verjugendlichte Gesellschaft"[13]. Viele Erwachsene streben, möglicherweise durch Medien suggeriert, ein jugendliches Aussehen und ein jung-dynamisches Denken an, jedoch mit einer gesicherten Stellung in der Gesellschaft. Auch Zeitungsartikel oder Reportagen in Funk und Fernsehen, die Jugendsprache zum Sonderwortschatz reduzieren, verbreiten dadurch ein verfälschtes Bild der Jugendsprache.

> „Teile des jugendsprachlichen Lexikons sind Versatzstücke der Medien. Jugendsprache wird medial funktionalisiert, das soll heißen: Sie wird zu einem Spielzeug der Medien" (Henne 1986, S.198).

---

[10] Massenkommunikationsmittel nehmen in der Lebenswelt Jugendlicher einen hohen Stellenwert ein (vergl. Shell Studie Jugend '97).
[11] nach dem sog. Bricolage-Prinzip
[12] Quelle: Passauer Neue Presse vom 11.06.1999: „Was läuft denn hier für ein Film?" von A. Heimann
[13] (vergl. Nowottnik 1989)

19

6. Funktionen von Jugendsprache

In Kapitel 2.2 wurden soziale Funktionen der Jugendsprache erwähnt. Dazu zählen neben der Sprachprofilierung und der Gruppenzugehörigkeit die Abgrenzung zu anderen Generationen, anderen Jugendgruppen bzw. -szenen und der gesellschaftlichen Norm. Die Abgrenzungsfunktion zu Erwachsenen wird von einigen Forschern bezweifelt (bspw. Augenstein 1998, Schlobinski 1993). Bedenkt man die Tatsache, dass sich viele Jugendliche durch die Kleidung und ihre Lebenseinstellung von den Erwachsenen differenzieren, so ist eine Abgrenzung auch durch ihre Sprache sehr wahrscheinlich. Dies muss sich nicht unbedingt in Äußerungen Jugendlicher zu Erwachsenen zeigen[14], sondern kann auch innerhalb der Gruppe implizit in Äußerungen enthalten sein.

Grundbedürfnisse Jugendlicher, wie Direktheit, Unkompliziertheit und Emotionsgeladenheit finden sich nach Januschek (1989) im sprachlichen Ausdruck Jugendlicher wieder und stellen weitere Motive für die Verwendung spezieller Ausdrucksweisen dar. Für viele Jugendliche ist die Standardsprache zu unökonomisch. Möchte ein Jugendlicher mit wenigen Worten einen großen Sachverhalt erklären, so dienen z.b. integrierte Interjektionen, die in der Jugendsprache gebildet werden, als Veranschaulichung. „Er hätte diesen Text mit viel mehr *basch basch* bringen müssen." Außerdem ist der Spaßfaktor ein großes Motiv für jugendsprachliche Kreationen. Wortspiele, Witz und Ironie sind elementare Bestandteile des spielerischen Umgangs mit der Sprache. Neben der Tatsache, dass den Jugendlichen die Standardsprache zu wenige Wörter bietet, kommt die Ausdrucks- und Bezeichnungsnotwendigkeit der internationalen jugendkulturellen Einflüsse hinzu. Der Einfluss der amerikanischen Begriffe für die Musik-Szene auf die deutschen Jugend-Musikkulturen ist u.a. für den Boom der Anglizismen in der deutschen Jugendsprache verantwortlich (vergl. auch Henne 1986). Jugendliche bestätigen, dass sie Anglizismen einfach übernehmen, da die deutschen Übersetzungen für z.b. „Trash" oder „scratchen" den Begriff nur unzureichend bzw. teilweise falsch beschreiben. Nach Ehmann (1996) lassen sich die beschriebenen Motivationen für Jugendsprache wie folgt kategorisieren:

---

[14] Wie in Kap. 4.3 bei der vierten Dimension des Modells der Jugendsprache von Henne erwähnt, sind Jugendliche in der Lage, jugendsprachliche Ausdrücke bewusst einzusetzen, bzw. zu vermeiden.

1) Der Protestaspekt
2) Der Abgrenzungsaspekt
3) Spiel- und Innovationsaspekt
4) Der affektiv-emotionale Aspekt
5) Der kommunikativ-ökonomische Aspekt

Neben den sozialen und pragmatischen Funktionen von Jugendsprache, tragen linguistische Elemente der jugendsprachlichen Merkmale ebenfalls Funktionen. Z.B haben lautnachahmende Wörter, die dem Comic entstammen, die primäre Funktion, ein Erlebnis oder eine Emotion auszudrücken und haben somit einen expressiven Sprechhandlungscharakter. Wurzelwörter fungieren in gleicher Weise und haben darüber hinaus die Funktion, spezifische Handlungen auszudrücken, sowie Handlungskommentare und -bewertungen zu geben (Schlobinski u.a. 1993). Abtönungen durch *irgendwie/ irgendwo / so / oder so*, werden von Jugendlichen benutzt, die unsicher sind bzw. in interaktiv unterlegenen Situationen sind. Durch den Partikelgebrauch wird die Unsicherheit verbalisiert. Als Formulierungshilfen werden ebenfalls hyperbolische Intensivierer (Verstärker) gebraucht, die eine eigene Argumentation und das Herstellen von mehr Authentizität intendiert (Verweis: Augenstein 1998).

7. Schlussbetrachtung

In der Arbeit wurden verschiedene Ansätze zur Untersuchung der Jugendsprache dargelegt. Es wird ersichtlich, dass die Jugendsprache immer noch ein viel umstrittenes Thema mit unterschiedlichen Herangehensweisen ist, das auch in Zukunft weitere interessante Untersuchungsaspekte liefern wird. Auch wenn sich die Grenzen zwischen Jugendlichen und Erwachsenen immer mehr verwischen und somit der Abgrenzungsaspekt der Sprache an Bedeutung verliert, behalten die anderen Aspekte ihre Gültigkeit und fördern – auch durch ihre mediale Verbreitung – das Zusammengehörigkeitsgefühl der Jugendlichen. Jede Generation wächst unter anderen Umständen und in immer internationalerem Kontext auf, und bietet somit Einblicke in die Entstehung neuer Sprechweisen.

Literaturverzeichnis (und weiterführende Literatur)

Andersson L. /Trudgill P. (1990): Bad Language. Oxford.

Androutsopoulos, Jannis K. (1998): Jugendsprache - Linguistische und soziolinguistische Perspektiven. Frankfurt am Main.

Androutsopoulos, Jannis K. (1998): Deutsche Jugendsprache - Untersuchungen zu ihren Strukturen und Funktionen. Frankfurt am Main.

Androutsopoulos, Jannis. K. (1997) : Mode, Medien und Musik. Jugendliche als Sprachexperten. In: Der Deutschunterricht 6/97.

Augenstein, Susanne (1998): Funktionen von Jugendsprache. Studie zu verschiedenen Gesprächstypen des Dialogs Jugendlicher mit Erwachsener. Tübingen.

Baacke, Dieter (1993): Jugend und Jugendkulturen. Darstellungen und Deutungen. 2. Auflage [1. Auflage 1987]. Weinheim und München.

Bayer, Klaus (1984): Veränderungen im Sprachverhalten von Jugendlichen. Ursachen im sozialen und pädagogischen Bereich. In: Wirkendes Wort 6/84.

Brandmeier, Klaus/ Wüller, Kerstin (1989): Anmerkungen zu Helmut Henne: Jugend und ihre Sprache. Berlin/New York. In: Osnabrücker Beiträge zur Sprachtheorie Heft 41.

Bredehöft, Sonja/ Singmann, Markus (1989): Analyse zur Studentensprache des frühen 19. Jahrhunderts. In: Osnabrücker Beiträge zur Sprachtheorie. Heft 41.

Brinker, Klaus/ Sager, F. Sven (1996): Linguistische Gesprächsanalyse. Eine Einführung. 2. Auflage [1. Auflage 1989]. Berlin.

Clarke, John (1979): Jugendkultur als Widerstand. Frankfurt am Main.

Coulmas, F. (1981): Routine im Gespräch. Zur pragmatischen Fundierung der Idiomatik. In: Linguistische Forschungen 29. Wiesbaden.

David, Barbara (1987): Jugendsprache zwischen Tradition und Fortschritt. Ein aktuelles Phänomen im historischen Vergleich. Frankfurt.

Erikson, Erik H. (1977): Identität und Lebenszyklus: 3 Aufsätze. 4. Auflage. Frankfurt am Main.

Ferchhoff, Wilfried (1993): Jugend an der Wende des 20. Jahrhunderts. Lebensformen und Lebensstile. Opladen.

Fleischer, W. (1982): Phraseologie der deutschen Gegenwartssprache. Leipzig.

Fleischer W./ Barz I. (1992): Wortbildung in der deutschen Gegenwartssprache. Tübingen.

Gersbach, B./ Graf, R. (1995): Wortbildung in gesprochener Sprache. Tübingen.

Heimann, A. (1999): „Was läuft denn hier für ein Film?" Passauer Neue Presse vom 11.06.1999

Henne, Helmut (1986): Jugend und ihre Sprache. Berlin/ New York.

Hess-Lüttich, Ernest W.B. (1987): Angewandte Sprachsoziologie. Eine Einführung in linguistische, soziologische und pädagogische Ansätze. Stuttgart.

Holly, Werner (1993): Medienrezeption als Aneignung. Methoden und Perspektiven qualitativer Medienforschung. Opladen.

Hymes, Dell (1979): Soziolinguistik: Zur Ethnographie der Kommunikation. Frankfurt am Main.

Januschek, Franz (1989): Die Erfindung der Jugendsprache. In: Osnabrücker Beiträge zur Sprachtheorie. Heft 41.

Jugendwerk der Deutschen Shell (1997): Jugend 97. Zukunftsperspektiven, gesellschaftliches Engagement, politische Orientierung. Opladen

Knoblauch, H. (1996): Kommunikative Lebenswelten. Zur Ethnographie einer geschwätzigen Gesellschaft. Konstanz.

Küpper, Heinz (1961): Zur Sprache der Jugend. In: Sprachwart Nr. 11.

Lapp, E. (1989): „Jugendsprache: Sprechart und Sprachgeschichte seit 1945. Ein Literaturbericht". In: Sprache und Literatur in Wissenschaft und Unterricht. Nr. 63.

Last, Annette (1989): „Heiße Dosen" und „Schlammziegen" – Ist das Jugendsprache? In: Osnabrücker Beiträge zur Sprachtheorie. Heft 41.

Mayring, P. (1999): Einführung in die qualitative Sozialforschung. Eine Anleitung zum qualitativen Denken. Weinheim.

Möhn, Dieter (1980): Sondersprachen. In: Lexikon der Germanistischen Linguistik. 2. Auflage. Tübingen.

Nave-Herz, R. (1989): „Jugendsprache": In: Nave-Herz,R/Markefka (1989): Handbuch der Familien- und Jugendforschung. Neuwied, Frankfurt.

Neuland, Eva (1999): Jugendsprache. Heidelberg.

Neuland, Eva (1994): Jugendsprache und Standardsprache. Zum Wechselverhältnis von Stilwandel und Sprachwandel. In: Zeitschrift für Germanistik. Neue Folge 1.

Neuland, Eva (1987): Spiegelungen und Gegenspiegelungen. Anregungen für eine zukünftige Jugendsprachforschung. In: Zeitschrift germanistische Linguistik Nr.15.

Nitschke, Bernd (2000): Nerd statt Niete: Ein „Duden" für die Fremdsprache Szene- Deutsch. In: Focus: Voll Krass! Jugend 2000. Lebensgefühl, Sehnsüchte, Leidenschaften. Heft Nr. 12.

Nowottnik, M. (1989): Jugend, Sprache und Medien. Untersuchungen zu Rundfunksendungen für Jugendliche. Berlin / New York.

Polenz, P. v. (1980): „Wortbildung". In: Lexikon der Germanistische Linguistik. 2. Auflage. Tübingen.

Pörksen, Uwe (1984): „Abi Nadek" oder: Wer erfindet die Jugend? In: Pörksen, U./ Weber, H.: Spricht die Jugend eine andere Sprache? Antworten auf die Preisfrage 1982 der deutschen Akademie für Sprache und Dichtung. Heidelberg.

Radtke, E. /Holtus, G. (1989): Standard und Substandard in der Sprachgeschichte und in der Grammatik. Tübingen

Schlieben-Lange, Brigitte (1991): Soziolinguistik. Eine Einführung. 3. Auflage [1. Auflage 1973]. Stuttgart-Berlin-Köln-Kohlhammer.

Schlenz, Kester (1986): Jugendsprache. Ein sondersprachliches Problem. Magisterarbeit, Universität Hamburg.

Schlobinski, Peter / Kohl, Gaby / Ludewigt, Irmgard (1993): Jugendsprache. Fiktion und Wirklichkeit. Opladen.

Schlobinski, Peter (1989): „Frau Meier hat Aids, Herr Tropfmann hat Herpes, was wollen Sie einsetzen?" Exemplarische Analyse eines Sprechstils. In: Osnabrücker Beiträge zur Sprachtheorie. Heft 41.

Schwitalla, Johannes (1977): Gesprochenes Deutsch. Eine Einführung. Berlin.

Schurian, Walter (1989): Psychologie des Jugendalters. Eine Einführung. Opladen.

Tenbruck, F.H. (1965): Jugend und Gesellschaft. Soziologische Perspektiven. Zweite Auflage. Freiburg.

Van Os, C. (1989): Aspekte der Intensivierung im Deutschen. In: Studien zur deutschen Grammatik 37. Tübingen

Wachau, Susanne (1989): „... nicht so verschlüsselt und verschleimt!" Über Einstellungen gegenüber Jugendsprache. In: Osnabrücker Beiträge zur Sprachtheorie, Heft 41.

Willenberg, Gaby (1984): „Wie gräbt man eine Schnecke an? Bemerkungen zu Müller -Thuraus Buch zur Sprache der Jugendszene." In: Muttersprache 94.

Wittig, Patricia (1987): Lexikalische Untersuchungen zur Entwicklung der Jugendsprache von den 60er Jahren bis zur Gegenwart. Magisterarbeit, Universität Hamburg.

Zimmermann, K. (1991): „Die französische Jugendsprache und ihr Verhältnis zu anderen Sprachvarietäten". In: Schlieben-Lange, B. / Schönberger, A.: Polyglotte Romania. Frankfurt am Main.

Nachschlagewerke

Brockhaus (1996): Die Enzyklopädie in vierundzwanzig Bänden. 20. Auflage. Bd. 11. Mannheim, Leipzig, Wien, Zürich.

Duden 4 (1995): Grammatik der deutschen Gegenwartssprache. 5. Auflage. Mannheim/Wien/ Zürich.

Duden Universal Wörterbuch (1996). 3. Auflage. Mannheim, Leipzig, Wien, Zürich.

Duden Universal Wörterbuch (1989). 2. Auflage. Mannheim, Leipzig, Wien, Zürich.

Ehmann, Hermann (1992): Affengeil: Ein Lexikon der Jugendsprache. München.

Ehmann, Hermann (1996): Oberaffengeil. Neues Lexikon der Jugendsprache. München.

Hentschel, E. /Weydt, H. (1990): Handbuch der deutschen Grammatik. Berlin/New York.

Kindleben, Christian Wilhelm (1781): Studenten-Lexicon. In: Henne, H/Objartel, G. (1984): Bibliothek zur historischen deutschen Studenten- und Schülersprache. Bd. 2. Berlin, New York.

Kluge, Friedrich (1895): Deutsche Studentensprache. Straßburg. In: Henne, H./Objartel, G. (1984): Bibliothek zur historischen deutschen Studenten- und Schülersprache. Bd. 5. Berlin, New York.

Lenzen, Dieter (1997): Pädagogisches Grundbegriffe. Rowohlts Enzyklopädie. 4. Auflage. Hamburg .

Lewandowski, Theodor (1990): Linguistisches Wörterbuch. 5. Auflage Heidelberg.

Lexikon der Germanistischen Linguistik. 2. Auflage. Tübingen.

Wippermann, Peter (2000): Duden - Wörterbuch der Szenesprache. Mannheim.

Mehr zu diesem Thema finden Sie in „Strukturen der heutigen Jugendsprache. Eine soziolinguistische Untersuchung" von Nicola Gross, ISBN: 978-3-638-10032-8

http://www.grin.com/de/e-book/50/